Escucha y busca las palabras en este cuento que hacen el sonido de la letra "D".

*Listen and look for words in this story that make the sound of the letter "D".*

Cuando se cita a una persona en estos cuentos, se indicará usando comilla. Tanto las comillas "como el guión" – son aceptadas en español.

*When quoting a person, these stories will indicate it by the usage of the " quotation marks. Both the quotation marks " and the dash – are acceptable in the Spanish language.*

Agradecimientos / Acknowledgments:

| | | |
|---|---|---|
| Dinah Lopéz, Language Consultant, El Paso, TX | Sylvia López Encina, MSSW/School Social Worker, El Paso, TX | Linda Quiroz, Composer/Teacher/Consultant, Odessa, TX |
| Ellen Brooks, Language Consultant, El Paso, Texas | Homero Silva, Language Consultant, El Paso, TX | Maria Eugenia González, Language Consultant, El Paso, TX |

Copyright © 1998 by Lake Educational Technologies
All rights reserved.
Printed in Canada

No part of this publication may be reproduced in any form without the prior written permission of the publisher.

ISBN: 1-891256-05-X

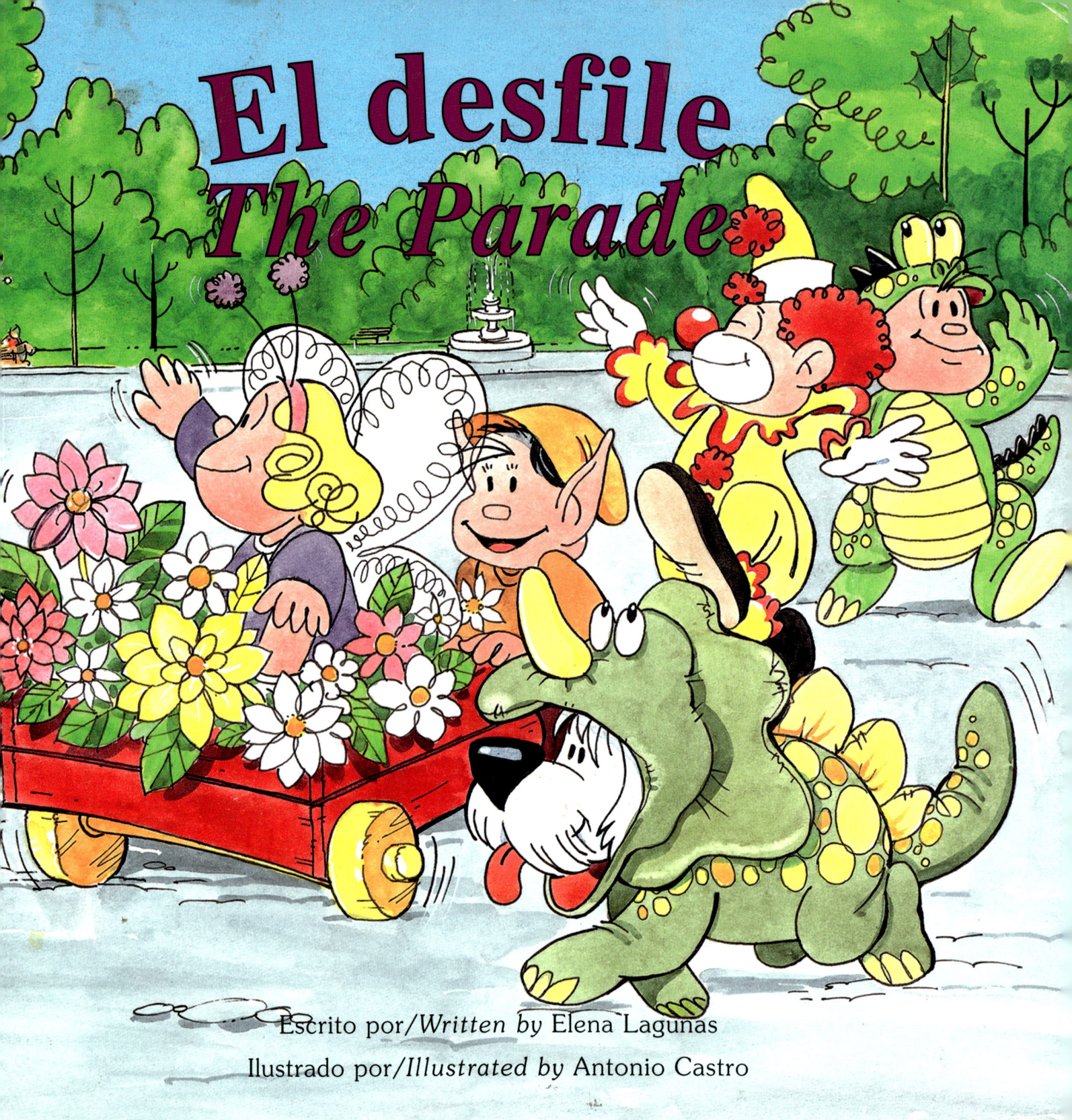

"¡Daniel! ¡Despierta! ¡Despierta, dormilón! Hoy es domingo, el día de nuestro desfile. Tenemos que ponernos nuestros disfraces. ¡Apúrate! No queremos llegar tarde."

"Daniel! Wake up! Wake up, sleepy head! Today is Sunday, the day of our parade. We have to put on our costumes. Hurry! We don't want to be late."

Daniel corrió a ponerse su disfraz de payaso.  Su amigo, Diego, se disfrazó de doctor.  Estaban ansiosos esperando que todos estuvieran listos.

Daniel hurried to put on his clown costume.  His friend, Diego, dressed up like a doctor.  They could hardly wait for everyone else to be ready.

Dora quería disfrazar a su perro, Dimbo, como dinosaurio. Era difícil porque Dimbo no quería ponerse el disfraz.

*Dora wanted to dress her dog, Dimbo, like a dinosaur. It was hard because Dimbo didn't want to put on the costume.*

David se puso su disfraz de duende. Decoró su carrito para el desfile con dalias y margaritas. Diana se disfrazó de mariposa y se sentó en medio de las flores.

David put on his elf costume. He made a float out of his wagon and decorated it with dahlias and daisies. Diana dressed like a butterfly and sat in the middle of the flowers.

Delia se puso un vestido largo y se amarró una pañoleta en la cabeza. Se puso mucha joyería de fantasía y fue de gitana. Dionisio se disfrazó de dragón.

Delia put on a long dress and tied a scarf on her head. She put on a lot of imitation jewelry and went as a gypsy. Dionisio dressed like a dragon.

Estabamos todos listos a las diez en punto cuando se empezó el desfile. Delia bailó y tocó el pandero. Don Juan, el dueño de la dulcería, nos repartió dulces a todos al pasar frente a su tienda.

We were all ready at ten o'clock when the parade began. Delia danced and played the tambourine. Don Juan, the owner of the candy store, gave candy to all of us as we passed in front of his store.

Desfilamos alrededor del parque saludando a toda la gente que nos vino a ver.

We paraded all around the park waving at all the people who came to see us.

Cuando terminamos el desfile, todos regresamos a casa de Daniel. Estabamos cansados pero muy contentos. ¡Fue un día muy divertido!

When we finished our parade, everyone went back to Daniel's house. We were tired but very happy. It was a very fun day!